圣人是怎样炼成的

韩明辉／著

上海文艺出版社
Shanghai Literature & Art Publishing House

图书在版编目（CIP）数据

圣人是怎样炼成的 / 韩明辉著. -- 上海 : 上海文艺出版社, 2021
ISBN 978-7-5321-8044-8

Ⅰ. ①圣… Ⅱ. ①韩… Ⅲ. ①历史人物－生平事迹－中国－古代－青少年读物 Ⅳ. ①K820.2-49

中国版本图书馆CIP数据核字（2021）第146047号

出 版 人：毕　胜
策划编辑：刘连生
责任编辑：崔　莉
营销编辑：李　恒
封面设计：马顾本

书　　名：圣人是怎样炼成的
作　　者：韩明辉
出　　版：上海世纪出版集团 上海文艺出版社
地　　址：上海市绍兴路7号 200020
发　　行：天津华文天下图书有限公司
印　　刷：三河市中晟雅豪印务有限公司
开　　本：700mm×970mm 1/16
印　　张：15.5
字　　数：145千字
印　　次：2021年8月第1版 2021年8月第1次印刷
I S B N：978-7-5321-8044-8 / K·435
定　　价：39.80元

CONTENTS

目录

1

酒圣杜康

美酒虽好，切莫贪杯

在古代，很多英雄豪杰、文人雅士特别喜欢喝酒，比如“青梅煮酒论英雄”的曹操、“斗酒诗百篇”的李白、“把酒问青天”的苏轼，以及“又摘桃花换酒钱”的唐伯虎。

路见不平一声吼，英雄哪能不喝酒！
诗人不喝酒，枉在世上走！

但你知道酒是谁发明的吗？虽然目前仍有争议，但普遍认为是“酒圣”杜康发明的。

美酒虽好，切莫贪杯！
酒

据说，杜康就是夏朝第六代国君少康。

少康的叔祖父太康在做国君的时候，整天就知道听音乐、看歌舞、谈恋爱，结果被东夷的首领后羿抢了国君之位，史称“太康失国”。

小贴士

相信大家对“后羿”这个名字并不陌生，因为有一个与他相关的神话可谓妇孺皆知，那就是“后羿射日”。传说以前天上有十个太阳，烤得老百姓没法生活，神射手后羿便拿起箭射下来九个。相传，嫦娥是后羿的老婆。那么，嫦娥为啥会跟后羿分居跑到月亮上居住呢？那是因为她偷吃了西王母赐给后羿的长生不老药，然后不由自主地飞到了月亮上。这就是“嫦娥奔月”的故事。

你永远不懂我伤悲，就像白天不懂夜的黑！
啊呸！

后羿特别喜欢打猎，却十分讨厌工作，所以把国家大事全权交给心腹寒浞（zhuó）去处理。

岂料寒浞是个白眼狼，趁他不备把后羿给杀了，然后抢了他的国君之位。

你的良心不会痛吗？
不好意思，我这人没良心！

寒浞虽然做了国君，却总担心夏朝会复辟，所以一心要消灭夏朝的残余势力。少康的父亲姒相就是在这个时候被寒浞杀害的。

斩草须除根，杀敌须灭门！
是个狠人！

姒相被杀时，他老婆后缗（mín）正怀有身孕。幸运的是，她成功躲过了寒浞的追杀，并逃回娘家有仍氏的地盘，还顺利生下了少康。

夏朝能不能复国，全指望你了！

少康长大后，做了有仍氏的牧场管理员。

在此期间，少康曾将吃不完的剩饭藏在空心的桑树中。过了一段时间，当他来取的时候却发现经过发酵后的剩饭醇香四溢。

受此启发，少康一不小心发明出了用粮食酿酒的办法。相传他是中国历史上第一个发明酒的人，因此被称为“酒圣”。

酒是粮食精，越喝越年轻！
不过，小酒怡情，大酒伤身！
需要特别注意的是，青少年是不能饮酒的，会影响神经系统发育、胃肠健康和肝功能等！
酒
酒
酒

小贴士

少康，也就是杜康，发明酒之后，“杜康”这个名字渐渐成了酒的代名词。在古代，很多明星大腕写过关于“杜康酒”的诗句，比如曹操的“何以解忧，唯有杜康”，白居易的“杜康能散闷，萱草解忘忧”。

寒浞的儿子浇听说姒相有个儿子还活着，便派人去杀他。少康听到风声，立刻逃到了有虞氏的地盘。

三十六计，
走为上计！

有虞氏的首领非常器重少康，不但把自己的两个宝贝女儿嫁给了他，还给了他一块封地。

助人为乐是
一种美德！
甭客气

虽然少康的封地仅有十里，人口只有五百，但这并不影响他实施复国计划的决心。

不畏艰难，
勇往直前！

为了复国，少康做了两手准备：

一、召集夏朝的旧部，增强自己的实力。同时，大量收买人心。

只要人心齐，泰山都能移！
泰山

二、派遣两名美女间谍分别祸害浇和他的弟弟，从而砍掉寒浞的左膀右臂。

听闻男神治家有方，小女余生愿闻其详！
正合我意！

在少康的谋划下，寒浞和他的两个儿子一并被杀。随后，少康顺利复国，史称“少康中兴”。

在这普天同庆的日子里，怎能没有酒！
干了！

2

至圣孔子

没有教不好的学生，只有不会教的老师

春秋战国时期，百家争鸣，有很多思想学术流派走红，比如道家、墨家、法家、儒家、纵横家、阴阳家、小说家。

百家争鸣，没我不行！
行侠仗义，墨家第一！

然而，在诸子百家中能成为两千多年来中国封建文化主流思想的仅有一家，那就是儒家。

儒家学派真是好，万千儒生全是宝！

你知道儒家学派的创始人是谁吗？他就是被列为“世界十大文化名人”之首、堪称“万世师表”的“至圣”孔子。

世界第一，无人能及！

啥是“至圣”呢？就是圣人中最牛的圣人。

今天，咱们就来看一看孔子的一生都经历了什么。

一、圣人降生

孔子的爸爸名纥（hé），字叔梁，大伙都习惯性地称他“叔梁纥”。

绿卡在手，说走就走！

叔梁纥的祖先是宋国国君的后裔。后来，宋国发生内乱，叔梁纥的祖先为了避难而移民鲁国。

叔梁纥是鲁国的勇士，并且做过基层干部。他还娶了两个老婆，小日子过得还算滋润。

老婆娶得好，生活没烦恼！

然而到了晚年，叔梁纥却一直闷闷不乐。为啥呢？因为他没有继承人。

至今没有继承人，教我如何不郁闷！

小贴士

叔梁纥并非没有孩子，大老婆给他生了九个女儿，小妾给他生了一个跛脚的儿子。但按当时的礼法制度，女儿和跛脚的儿子是不能做继承人的。

为了拥有一个四肢健全的儿子，叔梁纥决定再娶一个老婆。娶谁呢？叔梁纥相中了颜大叔家的“三朵金花”。

糟了，是心动的感觉！
哼，癞蛤蟆想吃天鹅肉！

叔梁纥这时候已经是个糟老头子了，颜大叔舍得把自家的“三朵金花”嫁给叔梁纥吗？舍得！

当叔梁纥向他提亲时，他对自己的三个黄花大闺女说——

叔梁纥是圣王的后代，并且武功高强，别看他年纪大，性子急，但我很看好他，你们谁愿意跟他到民政局领证？

小贴士

为啥说叔梁纥是圣王的后代呢？咱们前面说过，叔梁纥是宋国国君的后裔，但你知道宋国国君是谁的后裔吗？是商朝的开国国君、被誉为“圣王”的商汤的后裔，所以说叔梁纥也是“圣王”商汤的后裔。

大女儿和二女儿都喜欢小鲜肉，所以都不吱声，唯独不挑食的小女儿颜征在站了出来，并对爸爸说——

一切听从爸爸安排！
就你了！

不久，颜征在便嫁给了叔梁纥。颜征在担心老公年纪大，造人速度跟不上，便跑到尼丘山向神明祈祷。

没过多久，颜征在便如愿以偿地怀孕并生下一个健康的大胖小子，而这个大胖小子就是孔子。

小贴士

众所周知，孔子名“丘”，字“仲尼”，但你知道孔子的名与字是怎么来的吗？就是因为孔子是他妈在尼丘山祈祷所得，因此他的名和字中带有尼、丘二字。在古代，兄弟排行的次序依次是伯、仲、叔、季。由于孔子在兄弟中排行老二，所以又在“尼”字前加“仲”字，就变成了“仲尼”。不过，也有另一种说法，因为孔子出生时头顶凹陷如山丘一般，所以才取名“丘”。

值得庆幸的是，叔梁纥终于有了继承人。但不幸的是，到了孔子三岁时，叔梁纥便去世了。

你来一阵子，我想念一辈子！

爸爸去世后，孔子与妈妈相依为命，日子过得十分清贫。

长大后，孔子做过很多工作，比如仓库管理员、牧场管理员。

不拼爹，不拼娘，我们打工人只拼命！

孔子也曾去国外打工，但一连去了五个国家，愣是没有找到一份满意的工作，最后只好灰溜溜地回国了。

打工打工，到头来还是两手空空！

回国没事干，打小就喜欢礼仪的孔子决定到东周学习礼仪。

当时，老子正担任周王室的图书馆管理员。据说，孔子曾去拜访老子并向他学习礼仪。

别告诉我你这是在不耻下问！
你猜！

等到孔子即将回国时，老子曾亲自为他送行，并且交代他说——

聪明人更爱作死，是因为他们爱谈论别人；学识渊博、能言善辩的人更容易引火烧身，是因为他们喜欢揭露别人的丑恶；做子女的要忘记自己，心系父母；做臣子的要忘记自己，心存国君！切记切记！
听君一席话，胜读十年书！

回国后，孔子决定大力发展教育事业，于是开始办学，招生。

小贴士

在教学中，孔子提倡有教无类，也就是说，不管你是土豪，还是穷光蛋，也不管你聪明，还是愚蠢，只要是个人，都可以接受教育。

没有教不好的学生，只有不会教的老师！

据说，孔子一生招收过三千名学生。其中，有七十二人成了贤人，这就是“孔门七十二贤”，比如颜回、子路、子贡、冉求、宰予、曾参。

强将手下无弱兵，
名师班里无差生！
名师辅导

孔子的学生以及学生的学生，还曾将孔子与他学生的一言一行记录下来，编成一本书，它就是至今在国内乃至国际上都十分畅销的《论语》。

孔夫子的话，越来越国际化！

二、威震齐国

在孔子三十岁那年，齐国君主齐景公曾到鲁国参观考察。

当时，齐景公有做霸主的野心，便问了孔子一个问题，而孔子的回答也让他十分满意。

秦穆公执政时，秦国又小又偏僻，但秦穆公为啥能称霸呢？
秦国虽然小，但志向远大；虽然偏僻，但施政恰当。而秦穆公又知人善任，用五张黑羊皮赎回百里奚，又毫不犹豫地把秦国大权交给他。从这点来说，秦穆公即便称王也不为过，称霸还委屈他了！

几年后，鲁国发生内乱，孔子被迫移居齐国。

有一天，齐景公询问孔子如何治理国家，孔子的回答仍旧让他十分满意。

国君要有国君的样子，臣子要有臣子的样子，父亲要有父亲的样子，儿子要有儿子的样子！
说得太棒了！要是国君不像国君，臣子不像臣子，父亲不像父亲，儿子不像儿子，即便仓库里有再多粮食，恐怕我也吃不上！

不管齐景公问啥，孔子都能回答得让他十分满意。齐景公便想分封给孔子一块地盘，没想到却被齐国大臣晏子搅黄了。

儒生油嘴滑舌，只会忽悠。他们自以为是，谁也hold不住。他们重视丧葬，甚至不惜倾家荡产，不能让这种做法成为风俗。他们四处游说，乞求做官，更不能让他们治理国家！
周王室大不如从前了，礼坏乐崩也有很多年了。孔子却讲究繁文缛节，这些几代人也学不完，搞不明白。如果你想用这套玩意改变齐国的风俗，恐怕没戏！

听完晏子的话后，齐景公不但改变了主意，还开始疏远孔子。

不久，孔子听说有人想害他，再加上得不到齐景公的重用，便离开齐国，回到了鲁国。

人生不如意
事天天有！

让孔子没有想到的是，这次回国让他迎来了一生中的高光时刻。他甚至一度被提拔为代理相国。

只要你有
才，人生早
晚会出彩！

孔子受到鲁国重用，却意外把齐景公与齐国大臣吓尿了。

话说，齐景公与齐国大臣为啥会害怕呢？因为齐国与鲁国是邻居，一旦鲁国变强大，就会对齐国产生威胁。

此刻的我，
害怕极了！

为了增进邻里关系，齐景公便邀请鲁国国君鲁定公到齐国见个面。

邻居关系处得好，居家生活没烦恼！
邻居关系处得差，日日夜夜掉头发！

鲁定公欣然接受了齐景公的邀请，并且打算轻装前往。但在他即将动身之际，却被孔子拦住了。

做文事要有武装准备，做武事要做好与文事相关的准备。诸侯出国一定要带上文武官员一同前往！
你说得很有道理！

齐景公与鲁定公见面后，双方进行了亲切交谈，并且就加强齐鲁两国的战略协作达成重要共识。

互不侵犯！
合作共赢！

然而，谁都没有想到，接下来齐国歌舞团表演的一段舞蹈却惹恼了孔子。

小贴士

齐国歌舞团表演的是夷狄的舞蹈。夷狄在当时就是粗鲁、没文化的代名词，在孔子看来他们的舞蹈跟跳大神似的。

看不下去的孔子一个箭步冲上舞台，将齐国歌舞团的团长责备一番。

我们两国国君见面，为啥要在这里演奏夷狄的乐舞呢？
活跃一下气氛而已！

团长很尴尬，只好让舞蹈演员退下，但舞蹈演员没理睬他，而是齐齐地看向齐景公与晏子，就等着看他们如何表态。

齐景公很尴尬，便挥挥手，让他们退下了。

下去吧，别丢人现眼了！

随后，团长又换了个节目，让一群身材矮小的侏儒表演歌舞。看上去，如同群魔乱舞一般。这下，孔子更加气愤了。

这帮胆敢迷惑诸侯的人，应当全部处死！

团长理屈，只好照办，将侏儒们全部腰斩。

这一次，齐景公羞得恨不得找个老鼠洞钻进去。鲁定公一回国，齐景公便将大臣们臭骂一顿。

鲁国的大臣用君子之道来辅佐他们的国君，而你们却用夷狄的办法来辅佐我，还害得我得罪了鲁国！
老大消消气，气出病来无人替！

为了向鲁国赔罪，齐景公把以前抢占鲁国的地盘还给了鲁定公。从此以后，鲁定公便更加器重孔子了。

干得漂亮，真给我长脸！
小case

三、远走他国

五十六岁那年，孔子再次做了鲁国的代理相国，喜悦之情溢于言表。一位学生误以为孔子膨胀了，十分不悦地对孔子说——

人们常说“君子大祸临头时毫不畏惧，大福到来时不喜形于色”。先生，你膨胀了！
你难道没听说过“君子有了高位可以以礼贤下士为乐”吗？

三个月后，鲁国在孔子的治理下，商人不坑顾客，男女不鬼混，大伙捡到东西立刻交给警察叔叔。

必须为你点赞！

鲁国逐渐变强大，再次引起齐景公的担忧。

鲁国让孔子执政，迟早会称霸。鲁国一旦称霸，首先就会吞并齐国，不如我们提前割让一些土地给鲁国，以便跟鲁国搞好关系！
我们可以先试着阻止鲁国称霸，如果行不通，再送土地也不迟嘛！

如何才能阻止鲁国称霸呢？最好的办法就是给鲁国的当权者送美女，让他们沉浸在温柔乡中，无心处理朝政。

于是，齐景公挑选了八十个大美女，将她们调教一番后，与一百二十匹宝马一并送到了鲁国。

到达鲁国后，齐国人将美女和宝马安置在鲁国都城外。

当时，鲁国的大权都在卿大夫季桓子手里。季桓子听说齐国送来很多美女和宝马，不但自己偷偷跑去看，还带着鲁定公跑去看。

齐国的美女让人看了流口水！
是啊是啊，英雄难过美人关！

孔子的学生见季桓子与鲁定公都想接受齐国的礼物，便劝孔子离开鲁国，但孔子还不想走，想再给鲁国一次机会。

马上就要祭天了，如果季桓子能按照礼法把祭肉分给大夫们，我们还可以留下！
先生恐怕会失望的！

最终，季桓子还是接受了齐国的礼物，并且一连三天不处理国政。与此同时，祭天后大夫们并没有分到祭肉。

孔子失望透顶，这才下定决心离开鲁国。

走吧，走吧，人生难免经历苦痛挣扎！

离开前，鲁国大夫师己亲自为孔子送行。师己问孔子为何要离开，孔子为他唱了一首即兴创作的歌曲。

那些美女的口，可以把大臣和亲信赶走。接近那些美女，可以使人国破身亡！
你可以参加《鲁国好声音》了！

师己回去后，季桓子问他孔子走时说了啥，师己如实相告，季桓子长叹一声——

先生是在责怪我接受了齐国的那些美女啊！
没错！小心红颜祸水！

至此，齐国不但阻止了鲁国称霸，还意外“赶走”了孔子，真可谓是“一石二鸟”。

四、周游列国

离开鲁国后，孔子开始带着他的学生周游列国，并向各国诸侯推行自己的政治主张：德治和仁政。

然而，他周游列国的情形却可以用四个字来形容，那就是“人在囧途”。

孔子周游列国的第一站是卫国。

卫国国君卫灵公十分欣赏孔子，并且给予他在鲁国同样的待遇。

别人能给你的，我也能给你！

可惜卫灵公是个听风就是雨的人，有人在背后嚼舌根，他便对孔子产生猜忌，还派人二十四小时监视孔子。

你怎么不在我家安装个监视器呢？
你以为我不想吗？

孔子担心哪天会飞来横祸，在卫国仅仅待了十个月便离开了。

孔子原本计划第二站去陈国，但途经卫国的匡邑时碰到一起乌龙事件。

小贴士

这起乌龙事件是由孔子学生的一句话引起的。在进入匡邑时，这名学生指着城墙的一个缺口说："我以前就是从那个缺口进城的！"就因为这句话，匡人误将孔子当成了曾经攻打过匡邑的鲁国大臣，然后扣留了孔子。

误会，纯属误会！
真的吗？我不信！

匡人对孔子看管得越来越严，学生们都十分害怕，孔子安慰他们——

周文王死后，我不就成了礼乐制度的唯一继承人吗？上天如果真想让礼乐制度断绝，就不会让我学到这些东西。如果上天不想让礼乐制度断绝，匡人又能把我怎么样呢？
我看你是死鸭子——嘴硬！

孔子的学生个个有才。为了摆脱困境，孔子随便派了一名学生去给卫国的大臣打工，在这名学生的斡旋下，匡人很快便释放了孔子。

然而，刚逃出卫国不久，不知为何孔子又折了回来。

有一次，孔子跟随卫灵公与夫人乘坐豪车去逛街，孔子见卫灵公十分宠幸夫人，非常失望，并说——

我从来没见过爱好道德像爱好女色一样的人！
你永远不会见到！

后来，孔子再次离开卫国，并游历了曹国、宋国、郑国、陈国等。其间，有人曾想杀孔子，孔子也曾差点儿死于叛乱……对于这些经历，就连孔子也承认自己像条丧家犬。

社会
我太难了！

游历过无数国家，并屡屡遭受社会的毒打，孔子越来越希望能回到自己的国家。

我和我的祖国，一刻也不想分割！

有一年秋天，季桓子病重，坐着马车巡视鲁国的都城，一想到孔子，便十分感慨。

以前，这个国家几乎要兴盛，就因为我得罪了孔子，所以才没有兴盛起来啊！

随后，季桓子交代自己的继承人季康子，等他接班做了鲁相，一定要召回孔子，让孔子继续为鲁国服务。

然而，等到季康子做了鲁相并且准备召回孔子时，有个马仔却对他说——

当初你爸就是因为没有一直重用孔子而遭到诸侯嘲笑，如果你同样无法一直重用孔子，也一定会遭到诸侯嘲笑！
这该咋整呢？
可以召回孔子的学生冉求！
就这么办！

不久，冉求便被召回鲁国。离开前，有个学生知道孔子也想回国，便交代冉求，让他日后想方设法把孔子接回去。

先生能不能回国就看你的了！
包在我身上！

后来，楚国国君楚昭王听说孔子居住在陈国和蔡国的边境上，便派人去聘请孔子。

跟我混，保证让你前程似锦！

陈国和蔡国的大臣与孔子三观不合，由于担心楚国重用孔子会给他们带来危害，便派人将孔子围困在野外，想活活饿死孔子。

你们这是在草菅人命！
我们干的就是这种勾当！

尽管整天无米下锅，也叫不到外卖，甚至有些学生已经被饿病，但孔子依然像个没事人似的照常弹琴、唱歌，给学生上课。

有个叫子路的学生，十分不满地问孔子——

君子难道也有走投无路的时候吗？
当然！不过，君子到了走投无路的时候仍然能够坚守节操，而小人到了走投无路的时候往往会不择手段！

随后，孔子反问子路：“《诗经》上说，‘既不是犀牛，也不是老虎，却整天在原野上徘徊’，难道是因为我的学说有问题吗？我们为何会沦落到这般田地？”

也许是因为我们的德行还不够，所以人家不相信我们；也许是因为我们的智谋还不够，所以人家处处为难我们！
假使有德行的人必定能让人信任，伯夷、叔齐又岂会饿死在首阳山上？假使有智谋的人能事事如意，王子比干又怎么会被商纣王剖腹挖心？

随后，孔子问了学生子贡同样的问题。子贡回答说——

先生的理想太伟大了，天下都无法容纳。先生难道就不能降低一下自己的追求吗？
农夫擅于耕种，却不能保证一定丰收。工匠虽然拥有精湛的手艺，却不能保证让每个人称心如意。君子能尽力使自己的理想趋于完善，却不能保证人人都能接受。如今你不想法提高自己，反而想通过降低自己的追求去获取世人的接纳，你的志向可不怎么远大啊！

紧接着，孔子又问了学生颜回同样的问题，而颜回的回答却让孔子十分满意。

先生的理想太伟大了，天下都无法容纳。尽管如此，先生依然坚持推行自己的学说，不被天下接受又有什么关系呢？不被接受才能彰显先生作为君子的伟大。一个人的学说不完美是自己的耻辱；如果学说完美却不被接受，那是当权者的耻辱！
颜家的小子，你可真会说啊！假如你是个土豪，我很乐意给你当管家！

为了摆脱困境，孔子便派子贡到楚国搬救兵。楚昭王听说孔子有难，立刻派大军前去救援。很快，孔子便成功脱险。

就你们也想要我的命？不是太可笑了吗？
哦，是蛮可笑的！

孔子一到楚国，楚昭王便想给他七百里封地，不过楚国令尹却不赞同。

大王的使臣有像子贡一样优秀的吗？大王的辅臣有像颜回一样厉害的吗？大王的将帅有像子路一样勇猛的吗？大王管事的大臣有像宰予一样能干的吗？
没有！

想当年周文王、周武王只有上百里的土地，最终却能统治天下。如果让孔子拥有七百里封地，再加上有很多优秀的学生辅佐他，楚国以后还能保住几千里的土地吗？
一语惊醒梦中人！

经过令尹一番劝说，楚昭王最终打消了分封孔子的念头。

这一年秋天，楚昭王病逝了。不久，孔子外出，有个狂人故意走到他身边并高唱道——

凤凰啊凤凰，你的美德为何如此不受重视？过去的事情已经无法挽回，未来的事情还来得及！算了吧，算了吧！今天的执政者都太危险了！

孔子一听，知道狂人是在提醒自己将会有危险。他本来想跟狂人唠一会儿嗑，没想到狂人一溜烟走开了。

这不是狂人，是好人啊！

很快，孔子便离开了楚国。

这次，孔子决定再次前往卫国。当时，卫国国君换成了卫出公。由于孔子的很多学生都在卫国做官，所以卫出公也想让孔子辅佐他。

子路听说后，便问孔子——

卫君想请你出来执政，你打算首先做些什么呢？
正名分！

先生，你也太迂腐了吧？名分有什么好正的！
名不正则言不顺，言不顺事情就办不成，事情办不成，礼乐教化就无法兴盛，礼乐教化不兴盛，刑罚就无法很好地实施，刑罚无法很好地实施，老百姓就不知道什么该干，什么不该干！

不久，冉求帮助季康子打败了强大的齐国。季康子很高兴，便问冉求他的军事才能是天生的，还是学来的。

冉求知道帮助先生回国的时机已经成熟，便告诉季康子，是孔子教的。季康子对孔子产生了浓厚的兴趣，便问冉求——

孔子是怎样的一个人？
他干啥事都讲究名正言顺。他的所作所为不管是讲给老百姓听，还是摆给鬼神看，都没有欠缺。如果让他像我一样去打仗，即便封给他两万五千户，他也不会干的！

我能召他回国吗？
要的就是你这句话！
只要不让小人从中作梗就可以！

随后，季康子便派人去卫国接孔子。

孔子听说季康子要召他回国，非常高兴，立刻马不停蹄地回去了。

这一年孔子已经六十八岁了，他在外已经流浪了整整十四年。

恭喜先生如愿以偿地回来了！
念念不忘，必有回响！
心想事成

五、圣人陨落

一回到鲁国，鲁国国君鲁哀公与季康子纷纷向孔子询问治理国家的办法，孔子根据他们不同的地位给出了不同的答案。

作为一名国君，关键在于如何选择好大臣！
一语中的！

作为国家实际的掌权者，要提拔正直的人，抛弃邪恶的人，邪恶的人就会渐渐变成好人！
好有道理！

尽管孔子能堪大任，但掌权者终究还是没有重用他。

此后，心灰意冷的孔子不再醉心于从政，而是将所有精力花在了教育事业及整理《诗》《书》《礼》《乐》等典籍上。

有一年春天，有人捕获了一头怪兽，孔子说是麒麟，还说——

黄河上再也不会出现神龙背着河图出现的场景，洛水上再也不会出现神龟背着洛书出现的场景！我活不久了！我的主张到头了！没有人能了解我了！
为啥没有人了解你呢？
我不怨天尤人，下学人事，上通天理，能了解我的，只有上天了！

孔子担心死后自己的主张不能推行，无法给后人作出贡献，便根据鲁国的史书修订了《春秋》一书。

小贴士

在《春秋》中，孔子尊奉周天子为正统，并借鉴了商代的旧制度，继承了夏、商、周三代的法统。比如，吴、楚两国国君虽然自立为王，但《春秋》中却贬称他们为子爵。践土之盟是晋文公召周天子去的，而《春秋》中却避讳地说周天子是去打猎的。孔子之所以会这样写，是为了让后代国君加以倡导推广这种主张，使《春秋》的义法通行，那样天下的乱臣贼子就会感到恐惧。这种写作手法也被称为“春秋笔法”。

后人了解我是因为《春秋》，怪罪我也将因为《春秋》！
春秋

有一天，孔子生病了，子贡拿着康乃馨去探望他。孔子不但责备子贡来得晚，还悲伤地唱道——

泰山要倒塌了！
梁柱要折断了！
哲人要死了！

孔子一边唱，一边泪如雨下。随后，他又悲伤地对子贡说——

天下无道已经很多年了，没有人支持我的主张。夏人死了棺木停放在东边的台阶上，周人死了棺木停放在西边的台阶上，商人死了棺木停放在厅堂的两根柱子之间。昨晚我梦见自己在两根柱子中间受人祭奠，我本来就是商人的后代，看来我命不久矣！

七天后，孔子便去世了，享年七十三岁。

小贴士

虽然孔子一生郁郁不得志，但在他死后，由他创立的儒学，在汉武帝罢黜百家、独尊儒术后，成了两千多年来中国封建文化的主流思想，而他也因此被后人尊称为至圣、至圣先师。他要是泉下有知，想必也会很欣慰。

谁能告诉我，为何很多大人物都是生前困顿、死后才荣耀呢？

3

商圣范蠡

有钱人的快乐，你想象不到

春秋时期，有一个牛人，他的政治头脑能辅佐帝王称霸，他的商业头脑能让他成为亿万富豪。你知道这个拥有“双强大脑”的牛人是谁吗？他就是“商圣”范蠡（lǐ）。

人要是行，干一行，行一行。一行行，行行行；要是不行，干一行，不行一行。一行不行，行行不行。

范蠡的一生先后扮演了两个角色：第一个是谋士，第二个才是商圣。

一人分饰两角，轻松实现人生跨越！

范蠡究竟是如何成功扮演这两个角色的呢？咱们一个一个地说。

第一个角色：“谋士”范蠡

最初，范蠡是以谋士的身份出道的。当时，他的工作是帮助越王勾践想点子，摆平一切勾践摆不平的事。

只要最强大脑在，没有难题解不开！
难题集

然而，非常考验范蠡业务能力的是，勾践刚即位就摊上事了。

小贴士

勾践摊上的是啥事呢？原来，越国和吴国既是邻居，又是万年死敌。吴王阖闾听说勾践他爸去世了，以为刚即位的勾践好欺负，便趁机攻打越国。

有一种畜生长得很像人！
吴王阖闾：说你自己呢？

为了对付吴国，勾践也是蛮绝的。他派一支敢死队向吴军挑战。当敢死队冲到吴军阵前时，高呼数声，然后全部自刎。

我长这么大，还没见过一上来就先把自己干翻的对手！

吴军哪见过这种场面，个个惊得目瞪口呆。

越军趁吴军一脸迷惑之际，抄家伙冲了上去，结果杀得吴军大败而逃，阖闾也因为重伤身亡。

便宜没占成，还丢了性命！
活该！

阖闾去世后，儿子夫差即位。夫差一即位，便没日没夜地训练军队，为的是有朝一日能替老爸报仇。

杀父之仇，不共戴天！
有种尽管放马过来！

勾践听说夫差做梦都想报仇，便想先发制人，但范蠡却不赞同。然而，一意孤行的勾践并没有听从范蠡的劝谏，仍坚持率军攻打吴国。

我不同意你的观点，但我誓死捍卫你说话的权利！
你马上会为你今天的行为付出代价的！

勾践亲自披挂上阵，本以为能吊打吴军，岂料不但大败，而且还被吴军围困在会稽山上。

不幸被你的乌鸦嘴说中了！

在走投无路之际，勾践只好向范蠡询问对策。

由于没有听从你的劝告，所以才会沦落到今天这种地步，现在我该怎么办呢？
先给夫差送礼，如果他不答应讲和，你就去吴国给他当奴隶，让你老婆给他当婢女！

勾践听从范蠡的建议，派心腹大臣文种（zhǒng）向吴国求和，但没有成功。勾践很绝望，决定杀掉妻儿，烧掉金银珠宝，与吴国决一死战。就在这时，文种拦住了勾践，并为勾践献上一计。

夫差的宠臣伯嚭（pǐ）是个贪财好色之徒，只要搞定他，我们就能脱困！
不妨一试！

果然，伯嚭收了勾践的礼物后，替勾践在夫差面前美言了几句。夫差顿时忘记了杀父之仇，放了勾践一马。

今天我可以放你一马，明天我也可以放你一马，但你别把我当成放马的了！
岂敢！
岂敢！

据说，夫差放过勾践之后，勾践曾到吴国给夫差当奴隶，他老婆曾给夫差当婢女。事实上，这是误传。

夫差撤兵回国后，勾践便回到了越国。真正去吴国做人质的是范蠡与大夫柘（zhè）稽。两人在吴国做了两年的人质后才回到越国。

为了一雪会稽山之耻，勾践卧薪尝胆，花了二十余年使越国一跃成为一流强国。

等到时机成熟，勾践再次发兵攻打吴国。这次，他反倒将夫差围困在姑苏山上。

风水轮流转，
今日到我家！
真是悲哀啊！

夫差希望勾践能像自己当年放过他一样放自己一马，于是派人低三下四地向勾践求和。

勾践本来想答应，但范蠡不赞同。

当初上天把越国赐给吴国，是吴国自己不要的！如今，上天把吴国赐给越国，我们怎能违背天意呢？再说了，你卧薪尝胆这么多年不就是为了灭掉吴国吗？
有道理！

勾践虽然铁了心要灭掉吴国，却不想对夫差赶尽杀绝，所以想给他一小块封地，让一百户人家供养他。不过，却被夫差拒绝了。不久，夫差自杀殉国。

夫差死后，勾践还杀了当初曾帮助过他的吴国大臣伯嚭。

我曾救你一命，你为何却要杀我？
留你这种不忠的大臣何用！

勾践灭掉吴国后，从此称霸列国，成为春秋时期最后一位霸主。

范蠡则因为辅佐勾践灭吴有功而被封为上将军。此时，他在越国可谓是一人之下、万人之上。

为我们今天做出的辉煌成绩干杯！
今晚不醉不归！

然而，就在功成名就之时，范蠡却做了一个让所有人吃惊的决定：离开越国。

话说，他为何要离开越国呢？因为他认为勾践是一个可以共患难却不可以共享乐的人。

勾践长脖子，嘴巴尖如鸟嘴，长得跟个鸟人似的，一看就是个过河拆桥的家伙！
鸟人

离开越国时，聪明的范蠡并没有当面向勾践辞行，因为他知道勾践肯定不会放他走，所以选择写信向勾践辞行。

在信中，范蠡对勾践说——

俗话说，君主忧虑，臣子要立刻效劳；君主受辱，臣子要以死报效。当初大王在会稽山受辱，我之所以没死，是为了帮助大王报仇雪恨。如今大王大仇得报，请大王惩罚我当初在会稽山使大王受辱之罪，判我死刑！
你怎么会有罪呢？我还打算和你共同分享越国呢！如果你不答应，我就惩罚你！

大王有发布命令的权力，我也有按照个人意愿做事的自由！反正我已经走了，接下来你爱咋咋地！
好想宰了你！

离开越国后，范蠡还给文种写了封信，劝他早日离开勾践，不然会死得很惨。

咱们老板不是东西，你还是赶紧撤吧！
文种：马上撤！

为了保命，文种天天请病假不去上班。尽管如此，他仍然没有逃过勾践的毒手。

有一天，勾践对他说——

你曾教我攻打吴国的七种计策，我只用了三种便灭掉了吴国，还有四种没用到，你带到阴曹地府帮我爸爸试试吧！
你说的是人话吗？

随后，文种便被迫自杀了。

卑鄙小人，我做鬼也不会放过你！
我好怕怕！

第二个角色：“商圣”范蠡

离开越国后，范蠡改名换姓跑到了齐国。在齐国，他不再从政，而是选择下海经商。

商界大舞台，有你更精彩！
热烈欢迎

作为商业天才，范蠡很快便成了千万富翁。

有钱人的快乐，你想象不到！

齐国人见范蠡很有才，便让他做了齐相。

是金子到哪儿
都会发光！

范蠡认为，经商能成土豪，做官能成相国，绝对是一个平头老百姓的人生巅峰，长久享受这种荣誉迟早会出事。

于是，他辞去相位，并且把自己挣的大部分钱分给亲朋好友，只带了少部分金银珠宝离开了齐国。

换个地方，
从头再来！

这次，范蠡选择移居宋国的陶地。

范蠡为啥会看中陶地呢？因为他认为陶地是天下的中心，交通便利，有助于做生意。

我的选择是
不会错的！

在陶地，范蠡自称“陶朱公”，又开始了他的经商之路。他采用贱买贵卖、薄利多销等办法，很快便成了亿万富翁。

由于范蠡创造了中国历史上最早的商业传奇，因此被誉为“商圣”。

要想赚大钱，
敢为天下先！
敢为天下先

在事业上，范蠡可以说是世间少有的成功人士，但在教育儿子上，他却是一个失败者。失败到什么程度呢？他竟然教育出一个杀人犯。

儿子没有教育好，都是我这个做爸爸的责任！

杀人的是范蠡的二儿子，并且被囚禁在楚国。当范蠡听到消息后，十分痛心，并说——

杀人偿命，天经地义！但我听说家有千金的富二代不应该被处死在闹市上！

范蠡本来打算让小儿子携带一千镒黄金到楚国试一试能否救出二儿子，但大儿子却很不高兴。

我是长子，二弟犯罪，老爸不派我去，却派小弟去，这不是认为我无能嘛！
救人这事，我还真不看好你！

大儿子羞愧得想要自杀，他妈连忙拦住他，并劝范蠡说——

派小儿子去也未必能救出二儿子，难道你还想失去大儿子吗？
你们母子真是胡搅蛮缠！

范蠡很无奈，只好改派大儿子去。他很不放心，还给老朋友庄生写了一封信，并让大儿子捎去。

出发前，范蠡反复叮嘱大儿子说——

到了楚国，把黄金送给庄生，听凭他处置，不要和他发生任何争执！
谨遵父命！

为了救出弟弟，大儿子又私自携带了数百镒黄金。

有钱能使鬼推磨！

到了楚国，范蠡的大儿子找到庄生时，却发现庄生是个穷光蛋，跟贫困户没什么区别。不过，他依然按照爸爸的交代，将书信和一千镒黄金全部送给了庄生。

庄生收下黄金后，对他交代说——

赶快离开楚国，千万不要停留！即便你弟弟被放出来，也不要过问原因！
小心好奇害死猫！

范蠡的大儿子不相信一个穷光蛋能救出弟弟，所以离开庄生家后偷偷留在了楚国，还用私自携带的黄金去贿赂楚国的贵族。

庄生靠不住，
还得靠自己！
自力更生

事实上，庄生虽然穷，却廉洁正直，所以楚国人都非常尊敬他。

至于范蠡送给他的黄金，他并不打算接受，而是想等事情办成后物归原主。他甚至还曾交代自己的老婆——

这是陶朱公的黄金，
万一哪天我突然去
世了，你一定要物
归原主！

等找到合适的时机，庄生便进宫面见楚王，并忽悠楚王说——

天上的某个星星正处在某个位置，这种现象对楚国不利！
我该怎么办呢？
只有施恩于人才能消灾弭祸！
我明白了！马上大赦天下！

楚王一旦大赦天下，范蠡的二儿子自然会被释放。

当初接受贿赂的那些楚国贵族听到楚王即将大赦天下的风声，连忙将消息告诉了范蠡的大儿子。

恭喜你，你弟弟有救了！
还得多谢各位的帮助啊！

范蠡的大儿子不知道楚王大赦天下是庄生的功劳，误以为庄生啥都没干却白白得到一千镒黄金，心里很不爽，便决定到庄生家把黄金要回去。

我家的钱也不是大风刮来的，所以不能便宜了那些拿钱不办事的人！

当范蠡的大儿子再次来到庄生家时，庄生大吃一惊。

你怎么还没走？
我本来就没走啊！当初是为了弟弟的事而来，现在听说楚王打算大赦天下，弟弟自然会被释放，所以特来向先生告辞！

庄生心里清楚，范蠡的大儿子哪里是来告辞的，分明就是来要回黄金的，于是将黄金全部还给了他。

赶紧拿走！我不稀罕你那点儿臭钱！
那我就不客气了！

就在范蠡的大儿子为拿回黄金欢呼雀跃的时候，庄生却因为被他戏耍而感到羞耻。于是，庄生再次进宫面见楚王。

大王想大赦天下是为了消灾弭祸，可我听路人都议论说，陶朱公的儿子因杀人被囚禁在楚国，他家拿出很多黄金贿赂大王身边的人，所以大王并不是体恤楚国的百姓而实行大赦，而是为了陶朱公的儿子！
我虽然没啥德行，但怎么会因为陶朱公的儿子而大赦天下呢！

随后，楚王先杀掉陶朱公的儿子，然后才大赦天下。
最终，范蠡的大儿子只带回了弟弟的尸体。

见到二儿子的尸体后，范蠡的老婆和邻居们都十分悲痛，而范蠡却笑道——

我本来就知道他一定会害死弟弟！不是他不爱弟弟，只是不舍得花钱！他打小便跟我在一起，知道谋生艰难，所以看重钱财！
至于小儿子，一生下来看到的就是我的富有，他不知道钱是怎么来的，所以花钱大手大脚！

我之所以想派小儿子去，就是因为他毫不吝啬，而大儿子却做不到，以致害死了弟弟！这是常理啊，没什么好悲伤的！
我本来就日日夜夜等着他把儿子的尸体运回来！

多年后，范蠡老死在陶地，所以世世代代都称他“陶朱公”。

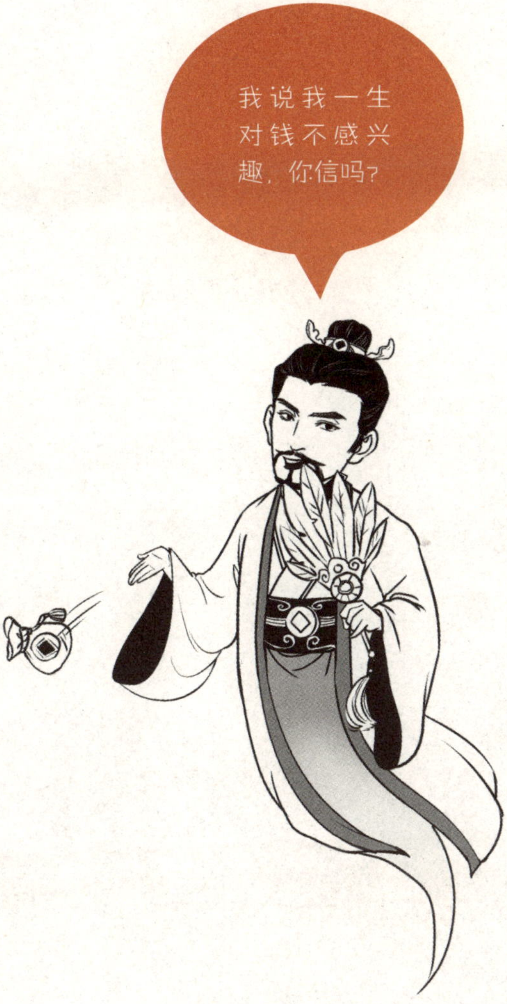
我说我一生对钱不感兴趣，你信吗？

4

史圣司马迁

枪杆子不可怕，笔杆子才可怕

你知道今天的人为啥能够知道几百年前甚至几千年前发生的事情吗？那是因为几乎历朝历代都有一批专门负责记载前代以及当代历史的史官。

晋景公掉茅坑里淹死了？太搞笑了！记下！
汉武帝竟然金屋藏娇？太八卦了！记下！
唐玄宗娶了自己的儿媳妇杨贵妃？太劲爆了！记下！
八卦

在这些史官中，你知道谁的名气最大吗？当然是“史圣”司马迁了。

我何时才能像
你一样优秀？
下辈子！

司马迁年轻时是一名骨灰级驴友。到过很多名胜古迹打卡，比如，去九疑山看过舜的坟茔，去会稽山看过禹的墓穴，去齐鲁大地领略过孔子的遗风。

读万卷书不
如做个驴友
有前途！

后来，司马迁进京做了个小官。其间，他曾被派往外地出差。也是在这一年，汉武帝决定到泰山举行封禅大典。

小贴士

所谓“封禅”，就是到泰山祭祀天地。之所以选择泰山，是因为古人认为五岳中泰山最高。帝王们之所以乐于举行封禅大典，其实是为了告诉世人自己受命于天，同时向上天报告太平以及自己的辉煌成就，答谢上天的护佑之功。在中国历史上，虽然出现过四百多个皇帝，但举行封禅大典的却屈指可数。为啥会这么少呢？并不是皇帝们不想举行，而是因为只有建立过巨大功业的帝王才有脸举行。

我罢黜百家，独尊儒术，吊打匈奴，降服西域，开辟丝绸之路……就问你们我有没有资格举行封禅大典？

当时，司马迁的爸爸司马谈正担任太史令。他本该跟随汉武帝一同前往泰山参加百年不遇的盛典，没想到途中病重，滞留在了洛阳。

我本一心参加盛典，奈何老天不遂人愿！

无法参加封禅大典，注定要成为司马谈心中的一大遗憾。然而，更让司马谈感到遗憾的是，他还没有将明主贤君、忠臣义士的事迹记录下来，编撰成一部伟大的史书，却就要跟这个世界说拜拜了。

我注定要死不瞑目了吗?

就在这时，司马迁恰巧出差归来，并在洛阳见到了病重的爸爸。

司马谈眼含热泪地握着儿子的手，叮嘱他说——

我们的祖先本是周朝编写史书的太史，后来虽然没落了，但能让祖业断送在我手中吗？等我死后，希望你能继承我的事业，替我完成心愿！
儿子一定铭记在心！

由于无法参加封禅大典，司马谈内心极度郁闷，不久便去世了。

司马谈去世三年后，司马迁做了太史令。一上任，他便大量研读国家图书馆里收藏的书籍，为撰写一部伟大的史书做准备。

我爸曾说，周公死后五百年出了个孔子，孔子死后到现在又过了五百年，有谁能继承并发扬古代圣人的事业，修正《易传》，续写《春秋》，依据《诗》《书》《礼》《乐》的本质意义，写一部新的著作呢？
我怎么敢推辞呢？

有个叫壶遂的人听说司马迁打算撰写一部伟大的史书，便十分不屑地对他说——

孔子生活的时代，上面没有明君，下面的贤人也得不到重用，所以孔子才撰写《春秋》，留下一部空洞的著作来裁断礼义，当作帝王的法典。现在你上遇明君，下又得到任用，整个国家井井有条，你写书想干吗呢？
你懂个屁！

司马迁十分不赞同壶遂的观点，于是反驳说——

我作为史官，如果撇开明君的功德不去记载，埋没忠臣义士的功业不去论述，又违背爸爸的临终遗言，我还算是个人吗？
我不生产历史，只是历史的搬运工！我仅仅是记述历史，整理归纳世代相传的史料，你把它比作《春秋》就不对了！
好吧，是我错了！

不久，司马迁便开始动手撰写史书，而这部史书就是我们今天所看到的《史记》。

不过，它最初并不叫《史记》，而叫《太史公书》，后来大家才称它为《史记》。

好人好事要记下来，然后把好人的名字刻在功德碑上！坏人坏事也要记下来，然后把坏人钉在历史的耻辱柱上！
枪杆子不可怕，你们这些笔杆子才可怕！

然而，就在司马迁撰写《史记》的第七个年头，他却因为“飞将军”李广的孙子李陵投降匈奴一事而身陷囹圄。

当灾难来临时，我竟毫无还手之力！

这是咋回事呢？原来，李陵在率领五千汉军进攻匈奴时遭到埋伏，被匈奴单于的八万大军包围。

其间，李陵虽然率军拼死作战，杀伤匈奴一万多人，但最终因为缺粮缺箭，又没有救兵，便投降了匈奴。

我也不想投降，但又能怎样呢？

汉武帝听说李陵投降匈奴后，龙颜大怒。群臣纷纷落井下石，唯独司马迁一人替李陵辩解。

李陵虽然战败，但杀伤敌人的战绩也足以传扬天下。他之所以投降，八成是想寻找机会报效国家！
哼！鬼才信！

事实上，司马迁与李陵虽然是同事，但两人并无交情，那么司马迁为啥要替李陵辩解呢？因为司马迁认为李陵既是个孝子，又是个爱国青年。

李陵有国士之风，一定不会背叛国家！
投降即背叛！

汉武帝误以为司马迁想诋毁李陵的上级领导，替李陵说情，于是将司马迁交给法官治罪，结果司马迁被判处死刑。

纯属误会！
你去跟阎罗
王解释吧！

如果司马迁被杀，我们今天就不可能看到《史记》了。那么，司马迁为啥没有被处死呢？

小贴士

在当时，被判处死刑的人有两种办法可以不用死：第一种办法：花钱赎命。汉法明文规定，只要能拿得出五十万钱就能免死；第二种办法：以宫刑替代死刑。如果犯人既没钱，又不想死，那就只能选择接受宫刑，就像后世的太监一样。

司马迁家穷得叮当响，肯定拿不出巨款去赎命。如果他想活命，只有一个选择——接受宫刑。

要命，还是要命根子，这是个问题！

司马迁认为宫刑是对人最大的侮辱，那么他为何还要选择宫刑并屈辱地活下来呢？因为只有活着他才能完成《史记》。

小贴士

司马迁认为，如果他伏法被杀，如同九头牛身上掉下一根毛发，与蝼蚁没有区别。与此同时，他想到很多心灵鸡汤式的励志故事。比如，西伯侯被拘禁而写下《周易》，孔子受困而撰写了《春秋》，屈原被放逐而创作了《离骚》，左丘明失去光明才完成《国语》，孙膑被挖去膝盖而写下《兵法》，吕不韦被贬才编撰了《吕氏春秋》，韩非被囚而写出《说难》《孤愤》，而《诗》三百篇也大多都是圣贤们抒发悲愤之情而创作。所以，这些故事更加坚定了司马迁完成《史记》的决心。

小迁振作!!!
唯有好好活着，
实现人生价值，
才不枉来人间
走一遭！

据司马迁透露，在施行宫刑后的那段日子里，他每天坐在家里精神恍惚，好像丢掉了什么。出个门也不知该往哪儿走。每当想到自己遭受的耻辱，脊背上的冷汗时常会打湿衣襟。

就是带着这种巨大的屈辱和满腔悲愤，司马迁花费了十四年，终于完成了中国历史上第一部纪传体通史《史记》。

小贴士

《史记》全书一百三十篇，分为本纪、表、书、世家、列传五部分，共计五十二万六千五百多字。它记载了传说中的轩辕黄帝到汉武帝太初年间三千年来的历史。鲁迅称其为“史家之绝唱，无韵之《离骚》”。司马迁也正是因为《史记》才被后人尊称为“史圣”的。

爸爸，你可以瞑目了！
爸爸为你感到自豪！

司马迁生前并没有将《史记》公之于众，直到他死后，《史记》才在小圈子里流传。

多年后，在他外孙的大力宣传下，《史记》得以广为流传。直到今天，《史记》依然是历史爱好者的必读之书。

没有读过《史记》，
你好意思说你学
过历史吗？
史记

5

医圣张仲景

不听医生的话是要死人的

人吃五谷杂粮，没有不生病的。可以说，医学就是人类在同疾病作斗争的过程中发展起来的。

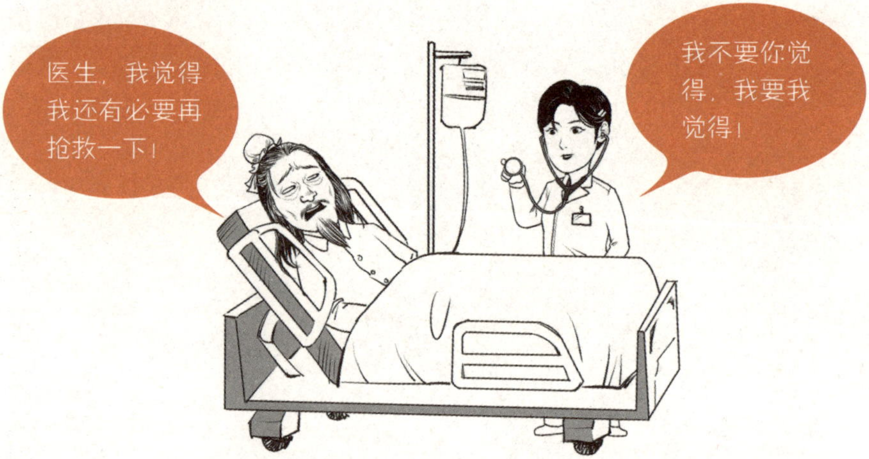
医生，我觉得我还有必要再抢救一下！
我不要你觉得，我要我觉得！

大伙都知道，古代的医学水平特别落后，伤寒、重感冒这类小病都有可能要人命。

没啥别没钱，有啥别有病！

你知道为啥古代的医学水平这么落后吗？除了受到科技水平的影响，还有一个非常重要的原因，就是古代的读书人只醉心于功名利禄，从来不拿学医当回事。

学医能当饭吃吗？能升官发财吗？鲁迅先生不也弃医从文了吗？
不是一码事好吧！

然而，直到一个人的出现，才使得越来越多的人披上白大褂，成了白衣天使，而这个人就是出生于东汉末年的“医圣”张仲景。

架起生命彩虹，许你健康人生！

据说，张仲景担任过长沙太守。那么，他为何会弃官从医呢？这还要从一场流行病说起。

这场流行病夺去无数生命！真是太可怕了！

当时，曹操、刘备、袁绍等人为了争夺天下，整天互相伤害，致使全国尸横遍野，疾病肆虐。

人固有一死，或死于战争，或死于疾病！

张仲景出生于一个拥有两百多口人的大家族。然而在不到十年的时间里，这个大家族的成员因为感染伤寒差点儿死绝。

眼睁睁地看着亲人一个个离世，家族渐渐没落，张仲景悲痛万分，这才下定决心弃官从医。

一入医界需死磕，不遗余力斩病魔！

在接下来的岁月里，张仲景一心专研古人遗留下来的医学著作，再结合自己多年来的行医经验，终于写成了对中国医学史产生巨大影响的《伤寒杂病论》。

由于他对医学作出了巨大的贡献，所以被誉为“医圣”。

谢谢您，张医生，
你还给无数患者一
颗健康跳动的心！
到病除
妙回春

话说，张仲景的医术到底有多厉害呢？咱们来看一看他是如何给东汉建安年间文坛最火的偶像天团“建安七子”中的王粲（càn）看病的。

咱们用事实说话！

王粲二十多岁时，曾巧遇张仲景。张仲景看了他一眼，然后对他说——

你有病！
你才有病呢！你们全家都有病！

你到了四十岁眉毛就会脱落，之后再过半年就会见阎王！不过，现在服用五石汤就能治愈！
五石汤
我才不相信你的鬼话呢！

王粲自认为身体没毛病，所以没把张仲景的话当回事。

三天后，当张仲景再次见到王粲并问他是否按时服用了五石汤时，王粲撒了个谎，说自己服用了，但被张仲景一眼识破。

你的气色跟往常一样，一看就没有服用汤药。你为啥要如此轻视自己的生命呢？
我看你才有病呢！

这次，王粲同样没把张仲景的话当回事。

二十年后，果然如张仲景所言，王粲的眉毛开始脱落，半年后便去世了。

不听医生的话
果真会死人！

想必大家都吃过饺子吧？据说，饺子的发明也跟张仲景有关。

事情是这样的：就在张仲景辞官返乡的那年冬天，他看到家乡的很多老百姓因为饥寒交迫耳朵被冻伤。

好想给你们一人送一个耳暖！

张仲景十分心疼大家，便研制出一种可以预防耳朵被冻伤的食疗方子，名“祛寒娇耳汤”。

小贴士

祛寒娇耳汤是怎么制作的呢？先将羊肉与一些祛寒的草药放在锅中煮熟，然后捞出来剁碎，再用面皮将这些剁碎的东西包成耳朵的样子。由于包好的东西既像耳朵，又能防止耳朵被冻伤，所以张仲景为它取名“娇耳”。随后，再把娇耳放入原汤中煮熟，将娇耳和原汤一起吃下，就能起到预防耳朵被冻伤的效果。

在冬至那天，张仲景支起一口大锅，熬制了很多祛寒娇耳汤，然后施舍给周边的老百姓。

我最新调制的祛寒娇耳汤，欢迎大家免费品尝！
张医生，先给我来一碗！

老百姓吃过祛寒娇耳汤之后，浑身暖和，耳朵生热，所以耳朵再也没有被冻伤过。

我从没有吃过这么好吃的东西！
好吃你就多吃点儿！

后来，老百姓便学着娇耳的样子制作出了饺子。

这个创意不错！

等到张仲景去世后，老百姓为了纪念他，便选择在每年的冬至吃饺子。于是，在冬至吃饺子便渐渐成了一种习俗。

冬至不端饺子碗，冻掉耳朵没人管！

6

武圣关羽

武功再高，也怕青龙偃月刀

在中国历史上，忠肝义胆之士数不胜数，但有资格被尊称为武圣的却只有一位，那就是三国时期号称“万人敌”的关羽。

我手提青龙偃月刀，任谁也挨不过我三招！

关羽的故事在民间多如牛毛，想必大伙儿都听得耳朵起茧子了。不过，这些故事真真假假，难以分辨。

接下来，咱们先看看你知不知道这些关羽的假历史。

本尊要亲自下场辟谣！

假历史一：桃园结义

桃园结义说的是志同道合的刘备、关羽、张飞三人为了干一番事业，曾在桃园里拜把子。

我们三人，虽然异姓，既结为兄弟，不求同年同月同日生，只愿同年同月同日死。皇天后土，实鉴此心。背义忘恩，天人共戮！

你是不是也一直以为他们三人是结拜兄弟？事实上，他们从来没有结拜过。“桃园结义”是明代小说家罗贯中在《三国演义》虚构的。

胆敢造谣，你就不怕我的青龙偃月刀吗？
不怕！除非你能穿越到明朝！

尽管三人从未结拜，但不可否认的是，他们的确亲如兄弟，不管睡觉还是吃喝拉撒，几乎都在一起。

好兄弟，一辈子！

假历史二：温酒斩华雄

东汉末年，宦官专权十分严重。为了除掉这帮宦官，官二代袁绍等人密诏董卓带兵进京杀宦官，岂料董卓一进京便控制了朝廷。

我晕！引狼入室了！
可惜你知道得太晚了！

董卓乱政，袁绍、曹操等十八路诸侯实在看不下去了，便组团讨伐董卓。然而，由于董卓手下的大将华雄太厉害了，联军的数员大将接连被华雄斩杀。

来一个，我杀一个！来俩，我杀一双！

就在大伙都被吓破胆的时候，关羽却主动请缨迎战华雄。曹操十分敬佩关羽，便敬了关羽一杯刚温好的热酒。

来，这位英雄好汉，我曹某人敬你一杯！
还是等我回来再喝吧！

让诸侯们吃惊的是，酒还没有冷却，关羽便提着华雄的人头回来了。这就是“温酒斩华雄”的故事。

事实上，这也是《三国演义》虚构的。真正斩杀华雄的是孙权的爸爸孙坚。

《三国演义》为了吹捧你，真是连节操都不要了！
哎呀！咱怎么能跟一部小说计较呢！

假历史三：过五关、斩六将

在曹操挟天子以令诸侯期间，曹操发兵攻打刘备，不但打跑了刘备，还活捉了关羽。

要杀要剐，悉听尊便！
我要重用你！

曹操非常器重关羽，还封他做了偏将军。

你对我这么器重，搞得我都不好意思不给你打工了！
要的就是这个效果！

不久，早已成为“诸侯一哥”的袁绍，担心曹操日后做大做强跟自己争夺天下，便率领大军攻打曹操。

我要把你打成猪头！
就怕你的智商不能如你所愿！

其间，袁绍曾派大将颜良等人带兵进攻白马。曹操连忙派关羽、张辽为先锋前去救援。

马上让你变成一具尸体！
天空为何那么黑？只因牛在天上飞。为何牛在天上飞？只因你在地上吹！

两军交战期间，关羽在千军万马之中斩杀了颜良。

颜良死后，白马之围很快便解除。曹操很高兴，立刻上表请求封关羽为汉寿亭侯。

恭喜你升官了！
还要感谢领导栽培！

此前，曹操担心关羽不会一直给他打工，便派张辽前去试探。关羽对张辽直言不讳地说——

我知道曹公对我不错，但我发誓与刘备同生共死，我怎么能背叛他呢？我会等到报答完曹公的知遇之恩后再离开！
曹公听了一定会伤心的！

张辽如实相告，曹操不但没有责备关羽，反而认为他十分忠义。

像你这样忠
心耿耿的人
世间少有！

等关羽斩杀了颜良，曹操知道关羽一定会离开，为了尽可能地挽留他，曹操赏了他很多金银珠宝。

然而，关羽却将所有的赏赐封存起来，然后写下一封告辞信，便去投奔刘备了。

千金难买忠
肝义胆！

据说，为了顺利离开，关羽一连过了曹操五个关卡，并且斩杀曹操六员大将。这就是“过五关、斩六将”的故事。

其实，这也是《三国演义》虚构的。

曹操对我那么好，我要是杀他的人，岂不是忘恩负义？
嗨！还不是为了烘托你要投奔刘备的决心嘛！

真实的历史是，曹操听说关羽走后并没有拦他。曹操手下人倒是想去追击，不过被曹操制止了。所以，关羽压根儿没有必要“过五关、斩六将”。

你走，我不拦你！你来，我热烈欢迎！
世人都说你是奸雄，在我看来，你是个大英雄！

辟谣了几件关羽没有干过的事，接下来咱们再说说关羽实实在在干过的事。

一、讨要美女

你是不是以为关羽是一个十分高冷且对异性不感兴趣的“佛系男神”？恰恰相反，关羽一见美女就流口水。

江山多娇人多情，自古美女配英雄！

在给曹操打工期间，关羽曾奉曹操之命攻打吕布。其间，关羽却爱上了吕布部将的老婆杜氏。

名花有主，
我来松土！

为了抱得美人归，关羽便恳求曹操，灭掉吕布后，将杜氏赏给他。尽管曹操答应了，但他仍不放心，还三番五次恳求曹操。

拉勾上吊，一百
年不许变！

曹操也是个花心大萝卜。他怀疑杜氏颜值逆天，便惦记上了杜氏。等到打败吕布后，他亲自接见了杜氏。这一看不打紧，他也爱上了杜氏。

只有孟婆汤才能让我忘了你！

随后，曹操把对关羽的承诺抛到九霄云外，然后把杜氏娶回了家，结果搞得关羽白忙活一场。

娶了娇妻你别狂，不信你看武大郎！

二、PK 马超

有一次，有个叫马超的人来投奔刘备。关羽不认识马超，便写信问军师诸葛亮，马超的才能可以跟谁相比。

诸葛亮知道他心高气傲，便拍马屁说——

马超文武兼备，勇猛过人，是当世豪杰，跟张飞有一拼，但远远比不上你美髯公！
还是军师会说话！

小贴士

诸葛亮为啥叫关羽美髯公呢？因为关羽的胡须非常漂亮，诸葛亮又想讨他开心，所以平时就叫他“美髯公”。

诸葛亮的马屁让关羽十分受用，关羽逢人便将诸葛亮的信拿给他们看。

军师的字写得太漂亮了，大家都来看看啊！
666
你这是醉翁之意不在酒啊！

三、刮骨疗伤

关羽的左臂曾经被毒箭射伤，一到阴雨天就疼痛。医生说，想要治愈，需要动手术。

毒素已深入骨髓，必须刮去骨头上的毒素才能痊愈！
我有医保可以报销，你尽管动手术！
医保卡

现在动手术还可以做个全身麻醉或者局部麻醉，在当时可没有这种医疗条件。医生只能直接用手术刀切开关羽的皮肤，刮掉骨头上的毒素。

我要下刀了，你忍着点儿！
这点儿痛不算什么！

关羽一边让医生为他做手术，一边跟将士们尽情喝酒。尽管他手臂上鲜血淋漓，但他依然谈笑自若。

要不是怕你们见不了血，我就给你们来个现场直播！

四、水淹七军

有一年，关羽围攻樊城。曹操派大将于禁率领七路大军前去救援。

于禁出发前没看天气预报，结果天天下雨，河水暴涨，以致七路大军被淹成了王八。

关羽趁机乘坐战船发起进攻，结果打得于禁投降。关羽也因此威震华夏。

还有谁想尝尝我的青龙偃月刀？

五、大意失荆州

关羽大败于禁，吓得曹操几度想要迁都。

就在这时，曹操的谋士司马懿等人建议撺掇孙权，让他偷袭关羽，樊城之围自会解除。

只要孙权肯结盟，摆平关羽准能成！

话说，孙权和刘备本来是盟友，还一起在赤壁之战中大败曹操，此时孙权会答应跟曹操结盟吗？会！为啥呢？有两个原因：第一，曹操答应将江南之地封给孙权；第二，孙权跟关羽有仇。

小贴士

孙权跟关羽有什么仇呢？原来，关羽一向瞧不起孙权。有一次，孙权为自己的儿子向关羽的女儿求婚，结果关羽将孙权大骂一顿。这下把孙权气个半死。两人从此结下梁子。

为了对付关羽，孙权和大将军吕蒙决定给关羽下个套。

小贴士

关羽之所以不敢调集荆州的所有兵力去围攻樊城，是因为他担心吕蒙在背后使坏。为了骗关羽将留守荆州的士兵也调往前线，吕蒙先假装病重，然后让孙权大张旗鼓地将他召回去治病。关羽见吕蒙离开，果然上了当。

见关羽上当后，吕蒙悄悄率领精锐士兵一举拿下了荆州。

好想知道关羽听说荆州丢失后的表情！
一定会惊掉下巴！

身在前线的关羽无法攻破樊城，就在他准备撤军时，听到了孙权已经占领荆州的消息。这就是“大意失荆州”的故事。

关羽手下的马仔见老婆、孩子都被孙权俘虏了，纷纷逃散，搞得关羽几乎成了光杆司令。

孙权又趁机派人追击关羽，并成功斩杀了关羽和他儿子关平。

关羽死后，由于他忠义的形象十分深入人心，所以后来渐渐成了忠义的化身，并被尊称为“武圣”。当然，也有人尊称他为“武财神”。

拜关公，不但驱邪保平安，还可以财源广进！

7

书圣王羲之

《兰亭序》一出，谁与争锋

书法是中国独有的一种富有美感的艺术作品，它堪称无言的诗、无形的舞、无图的画、无声的乐。

书法是中华民族的文化瑰宝，是人类文明的宝贵财富！
天下為公

你知道在中国历史上谁的书法最受追捧吗？毫无疑问，那就是“书圣”王羲之。

你是不是也想要我的书法作品？

王羲之出生于东晋豪门——琅琊王氏。

这天下，是司马氏的，也是我们琅琊王氏的！

琅琊王氏的地位在当时究竟有多高呢？社会上曾流传着这样一句话：王与马、共天下。意思是说，琅琊王氏与皇室司马氏共享天下。

为啥会出现“王与马、共天下”的局面呢？因为东晋开国皇帝晋元帝能建立东晋，全靠琅琊王氏的王导、王敦两兄弟支持。晋元帝称帝后，朝政大权掌握在王导手中，兵权掌握在王敦手中，所以才会出现这种局面。

要是没有我们琅琊王氏，历史上有没有东晋还不好说！

王羲之是王导、王敦的堂侄，并且深受两人的喜爱。

王氏子弟，我们
最看好你！

你是不是以为像王羲之这么优秀的人打小就是个天才？恰恰相反，他小时候是个闷葫芦，十分木讷，压根儿看不出有任何天赋。

这孩子猛一看
有点儿傻！仔
细一看，还不
如猛一看！

然而到了十三岁时，王羲之像被打通了任督二脉似的，突然就变得十分聪明了。

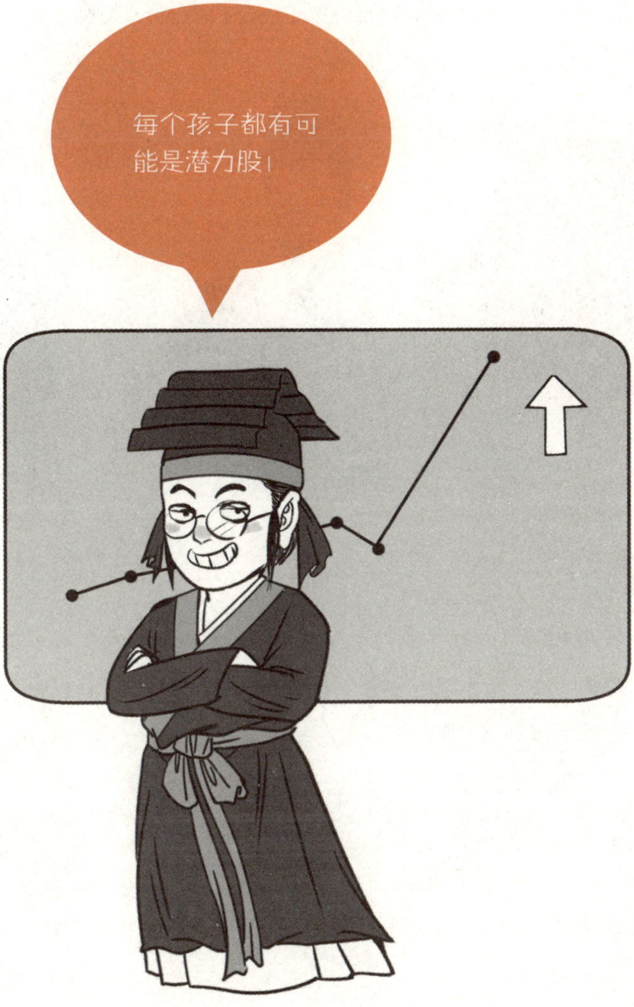
每个孩子都有可能是潜力股！

当时，文人雅士去饭店必点的一道菜肴名叫牛心炙。

有一次，文化界名流聚餐。大伙还没有动筷子，大名士周顗（yǐ）因为欣赏王羲之便先割了一块牛肉给他吃。

这事很快便上了热搜，王羲之也因此名声大噪。

能让大名士亲自割牛肉的人，是真的牛！

小贴士

说起周顗，大家可能并不熟悉，但说到"我不杀伯仁，伯仁却因我而死"这个典故，想必大家都不陌生，而这里所说的"伯仁"指的就是周顗，因为"伯仁"是他的字。这个典故还跟王羲之的堂伯王导、王敦有关。有一年，王敦造反了。造反是灭族之罪，王导三番五次恳求周顗为琅琊王氏向晋元帝求情，但周顗并未理睬王导。后来，周顗落入王敦手中，王敦便问王导，要不要杀周顗。王导心中记恨周顗，所以没吭声，王敦便将周顗给杀了。过了很久，王导才得知周顗曾多次替琅琊王氏求情，便十分悲痛地说："我不杀伯仁，伯仁却因我而死！"

几年后，太尉郗（xī）鉴派门生向王导提亲。当时，王氏子弟都住在东厢房，王导便让这位门生到东厢房随便挑。

我们王氏子弟个个基因好，颜值高，你自己看着挑！
那我就不客气了！

王氏子弟听说太尉要挑选女婿，一个个恨不得把自己捯饬成潘安、宋玉那样的美男，只有王羲之毫不在意地坐在东边的床上，露着肚皮吃东西。

人世间，唯有美食不可以辜负！
一看就是个吃货！
W

门生回去后，把在王家的所见所闻都给郗鉴说了一遍。当门生说到那个坐在东边床上吃东西的年轻人时，郗鉴激动地说——

这就是我想要的好女婿啊！
你真重口味！

郗鉴一打听，那个年轻人竟然是王羲之，二话不说就把女儿嫁给了他。这就是“东床快婿”的故事。

女婿选得好，女儿天天笑！

王羲之一生有两大爱好：一是书法，二是养鹅。他还有一大厌恶，那就是当官。

接下来，咱们就看一看王羲之的好恶。

一、书法

王羲之对书法十分痴迷。据说，他曾效仿东汉书法家张芝临池学书，导致池子里的水都变黑了。

王羲之虽然也会写草书、楷书、行书等字体，但最擅长写隶书。有人曾称赞他的书法飘若浮云、矫若惊龙。

高考写作文时，如果字能写成这样，肯定加分！

王羲之最出名的书法作品想必大家都听说过，那就是他在会稽郡山阴县的兰亭与谢安等名士聚会时写下的《兰亭序》。

小贴士

《兰亭序》被誉为“天下第一行书”，共计28行，324个字。《兰亭序》为王羲之圈粉无数，其中就包括唐太宗。据说，唐太宗死后曾将《兰亭序》的真迹与他一同葬入昭陵。目前，大家能看到的《兰亭序》都是临摹本。

知道当时的人有多喜欢王羲之的书法吗？咱们来举两个例子。

有一次，王羲之到一位门生家串门，看见他家的几案十分光滑，便在上面写了几行字。门生看后，惊喜万分，一直都不舍得擦掉。

这几案今后就是我们家的传家宝了！

可惜门生的爸爸是一个不识货的人，却把几案上的字给刮掉了。门生知道后，一连心疼了好几天。

幸福来得快，走得也快！

还有一次，王羲之看到一位老太太在山上卖扇子，但半天都卖不出去一把。王羲之看着着急，便在她每把扇子上写下五个字。

王羲之此举把老太太给气坏了，老太太刚要骂街，王羲之连忙解释说——

你就说扇子上的字是王羲之写的，保证让你卖个好价钱！
鹤

老太太按照王羲之的说法去做，果然很快便卖完了，并且卖了很多钱。更让人忍俊不禁的是，没过几天这位老太太又拿着扇子去找王羲之为她写字。

帮人帮到底喽！
再帮下去，我怕你会上瘾！

二、养鹅

你能想象一个大书法家竟然喜欢养鹅吗?

爱好不分高低贵贱!

会稽有一位老太太养了一只鹅，在王羲之看来，它“呱呱呱”的叫声犹如天籁。王羲之想买下却没有买到，便带着亲朋好友去观看。

今天，我要带你们去看一样宝贝!
那敢情好!

老太太听说王羲之要来家中做客，便把鹅给宰了，然后拿去款待王羲之。当王羲之看到老太太把鹅端上桌的时候，眼泪差点儿掉下来。

鹅死不能复生，请节哀！
上次见你时你还是人间的四月天，今日再见没想到你却成了盘中餐！

还有一次，有个道士养了一群鹅，王羲之前去参观，非常喜欢，想买下，但道士不肯卖。不过，他提了一个要求。

你帮我抄写一份《道德经》，我把这些鹅全部送给你！
一言为定！

王羲之欣然提笔抄写了一份《道德经》，然后高高兴兴地带着鹅回家了。

三、当官

王羲之一生最厌恶的事莫过于当官，可偏偏他又生在官宦之家，又不得不当官。

人生而自由，却无往不在枷锁之中！

官员谁不希望升官发财呢？但王羲之是个例外。虽然很多人都想提拔他，却屡屡被他拒绝。

有什么想不开的，竟然拒绝升官发财！
没什么想不开的，就是不好这一口！

直到很多年后，王羲之才如愿以偿地辞官归隐。辞官后，他每天过得十分潇洒，不是游山玩水，就是研究丹药。

这才叫生活，你们那叫生存！

五十九岁那年，王羲之走完了他的一生。临终前，他似乎猜到朝廷会在他死后追封他，所以嘱咐家人不要接受。

果然，他一去世，朝廷便追封他为金紫光禄大夫。家人遵从他的意愿，替他推辞掉了。

这是对当官得有多厌恶啊！
超乎你的想象！

8

草圣张旭

字如其人，人亦如字

唐代有“三绝”，分别是“诗仙”李白的诗、“剑圣”裴旻（mín）的剑舞，以及咱们今天要讲的“草圣”张旭的草书。

我李白绣口一吐，便是半个盛唐！
我裴旻的剑舞堪称古今一绝！
我张旭的草书至今无人超越！

我们不禁要问：张旭是如何练得一手好草书的？

这事说来
话长！
咱们长话
短说！

张旭曾担任常熟县尉。所谓“县尉”，相当于今天的县公安局局长。其间，有位老大爷拿着状纸到县衙告状。张旭很快便在状纸上作出批示。

老大爷，你
的官司已经
搞定！
嘿！这字写得
不错嘛！

然而，没过几天，老大爷却拿鸡毛蒜皮的事再次来找张旭告状。

屁大点儿的事也来告状，你当衙门是给你家开的啊？

张旭很生气，便把老大爷责备一番。老大爷却眉开眼笑地解释道——

我见你的字写得十分精妙，所以前来告状，就是为了让你在状纸上写下批示，我好拿回去收藏！
你很识货嘛！

张旭听说老大爷喜欢收藏书法作品，于是来了兴致，便跟老大爷唠嗑。

你都收藏了什么宝贝？也让我开开眼！
这个好说！

很快，老大爷便拿出他父亲的书法作品给张旭看。张旭看后，大为喜欢。经过一番学习研究，张旭尽得其书法的精髓。

必须一百八十度鞠躬感谢！
你这是要折煞老朽啊！

仅仅学得他人书法的精髓还不足以让张旭成为草圣，所以张旭还要感谢两个人：一个是公主，另一个是“大唐第一舞娘”公孙大娘。

感谢天，感谢地，感谢你们给予了我启迪！

有一天，有位公主乘坐豪车外出兜风，还带了一支仪仗队，场面搞得十分气派。

那场面前呼后拥，锣鼓喧天，鞭炮齐鸣，红旗招展！

却碰到一位不愿给公主让路的挑夫。公主当然也不愿给挑夫让路，于是两拨人就争执起来。

就凭我是愣头青！
这天下都是我们家的，更别说这条小路了，你凭啥不给本公主让路？

这事恰巧让张旭撞见了。

就在张旭像吃瓜群众一样看热闹的时候，他又听到仪仗队敲锣打鼓的声音，忽然间就领悟到了书法的精义。

这才是吃瓜群众应该有的境界！

有一次，公孙大娘在一家大剧院进行商业演出。张旭买票前去观看。

我们的服务宗旨是：概不退票！

小贴士

公孙大娘的舞蹈在当时惊艳天下。她最擅长的是剑舞，跟“剑圣”裴旻的剑舞有一拼。唐玄宗曾多次召她进宫演出。就连“诗圣”杜甫、“画圣”吴道子都是她的铁杆粉丝。

也恰恰是在这场演出中，张旭从公孙大娘的剑舞中突然悟到了书法的神韵。

处处留心
皆学问！

在吸取了他人书法作品的精髓的同时，再加上自己的领悟，张旭终于写出了世间无人能及的草书，也因此收获了“草圣”的美名。

谁要是能超越我的草书，我把草圣的头衔让给他！

张旭有个臭毛病，特别喜欢喝酒，他还与李白、“诗狂”贺知章等人被誉为“饮中八仙”。

人在江湖走，
哪能不喝酒！
人在江湖飘，哪能不喝高！

张旭每次喝酒必定大醉。喝醉后，他还总爱发酒疯，不是暴走，就是大吼大叫。更奇葩的是，他有时候竟然用头蘸墨水写字。

今天我就给大家表演一下我的绝活！
请立刻开始你的表演！

酒醒后，他看着自己写下的字，还以为是神仙的杰作呢！更奇怪的是，在他清醒的时候却怎么也写不出这么好的字了。

但愿长醉不复醒！

就是因为他个性狂颠，所以大家给他取了个绰号叫“张颠”。

哈哈，字如其人，人亦如字！

小贴士

张旭的草书刚圆遒劲，奇伟狂放。另一位唐代大书法家怀素的草书灵动飘逸，变化万千。两人都是草书史上难以超越的大咖，因此被合称为“颠张醉素”。

如果咱俩炒CP，一定火！
那必须的！

张旭去世后，他的笔法并没有因此而失传，因为他将笔法传给了两个徒弟，其中就包括被誉为“楷书四大家”之一的颜真卿。

能教出这么优秀的徒弟，我死而无憾了！

9

画圣吴道子

无敌是多么寂寞

在唐代，有一个全能画家，不管是画人物、佛像、神鬼、禽兽，还是画山水、台殿、草木，都没有人能超越他。他就是“画圣”吴道子。

据说，吴道子年少时曾跟随“草圣”张旭、“诗狂”贺知章学过书法，但没有学成。他见自己不是学书法的料，便换了个专业，专攻绘画。

人人生来是神童，选错专业毁一生！

在绘画方面，吴道子十分有天赋，不到二十岁便掌握了绘画的精髓。

你真棒！如果有人比你棒，我就假装没看见！

有人甚至认为吴道子是南北朝时期大画家张僧繇（yáo）转世。

小贴士

大家可能对张僧繇并不熟悉，不过相信大家都听说过“画龙点睛”这个成语，而这个成语的男主角就是张僧繇。故事是这样的：张僧繇曾在金陵的安乐寺画了四条龙，栩栩如生，但唯一的遗憾是没有画眼睛。大伙见了无不叹息，便恳请张僧繇把眼睛点上。张僧繇却说，点上眼睛龙就会飞走。大伙认为张僧繇是在吹牛皮，张僧繇只好拿出画笔为其中两条龙点上了眼睛。突然，天空风雨交加，电闪雷鸣，两条巨龙腾云驾雾而去。

小伙子，你未来必将成为画坛上一颗耀眼的明星！
我也这么认为！

有一年，“剑圣”裴旻的母亲去世了，裴旻便花重金邀请吴道子到天宫寺作画，为他母亲超度亡灵。吴道子分文未取，并对裴旻说——

很早就听说裴将军的剑舞十分了得，烦请裴将军为我表演一番，权当报酬了！再说了，看你舞剑，还有助于激发我绘画的灵感！
没问题！

于是，裴旻脱下孝服，拿起宝剑舞动起来。裴旻的剑法出神入化，吃瓜群众个个看得目瞪口呆。

啥也不说了，鼓掌！

看完裴旻的剑舞，吴道子顿时来了灵感，犹如神助，顷刻之间便画好了。

这速度，这画功，实在是绝了！

有一次，唐玄宗到洛阳旅游，结果被吴道子圈粉，于是便任命他为内教博士，让他在宫中作画。

今后，你就是我的御用画师了！
荣幸之至！

后来，唐玄宗突然想起嘉陵江的美景，由于国事繁忙无法亲自前去欣赏，便派吴道子奔赴嘉陵江，将那里的美景画下来。

就麻烦大画家走一趟喽！
保证画得比照相机拍的还美！

不料吴道子在嘉陵江公费游玩了好多天后却空手而回。当唐玄宗找他要画的时候，他却说——

嘉陵江的一草一木都被我刻在脑子里！马上为陛下画出来！
我很期待噢！

唐玄宗命吴道子在大同殿上作画的同时，还让另一位擅长画山水画的大画家李思训与吴道子比赛看谁先画完。

谁画得又快又好，赏一包辣条！
陛下这也太抠门了吧？

吴道子一天便画完了，而李思训却足足花了好几个月才完成。

承让承让！
在下这次输得一塌糊涂啊！

吴道子虽然是个全能画手，但最擅长的却是佛教和道教的人物。他为长安、洛阳的寺院和道观画过的壁画竟然高达三百多幅。

能者多劳嘛！

大伙都知道，佛教是从印度传过来的，所以起初很多佛教人物的外貌并不像中国人。

不过，这些佛教人物在吴道子的画笔下却改头换面，变得极具中华威仪。

一个优秀的画家往往能把外来的变成本土的！

吴道子的画在当时影响非常大，不仅可以拿来欣赏，还具有震慑作用，使人向善。

有一年，吴道子画了一幅《地狱变相图》，讲述了因果报应，吓得很多以屠狗捕鱼为业的人纷纷改行。

你的画实在
太可怕了！
怕就对了！

在吴道子晚年时，大唐发生了一场致使国家由盛转衰的战乱——安史之乱。

有人说，吴道子曾追随唐玄宗逃往四川避难，也有人说他并未前往四川，甚至还有人说他是在奉唐玄宗之命前往四川作画的途中不幸感染瘟疫去世的。

你虽然去世了，但依然活在后人心中！

10

茶圣陆羽

好事不怕细论，好茶不怕细品

中国人特别喜欢喝茶，尤其是古代的中国人。如果有人来家里做客，主人干的第一件事往往就是给客人上茶。

我们来找茶！
保证让你们喝到饱！

怎样喝茶可是一门大学问！你知道这门学问是由谁发扬光大的呢？他就是出生于唐代的“茶圣”陆羽。

没有人比我
更懂茶！

说起来，陆羽打小就是个苦命人，在他三岁时便被家人遗弃。

有没有一个像家
一样的地方，可
以让我不惧悲伤
地躲藏？

由于被家人抛弃时陆羽还不懂事，所以他一生都不知道自己的爹妈是谁。

我是谁？
从哪里来？
要到哪里去？

小贴士

既然陆羽不知道亲爹亲妈是谁，那么他的姓与名是怎么来的呢？据说是他长大后自己取的。当时，他用《周易》给自己算了一卦，卦辞上说“鸿渐于陆，其羽可用为仪”。意思是说，鸿雁渐渐飞到陆地上，它的羽毛可以用来制作装饰品。这是吉兆，所以他便用卦辞中的“陆”字为姓、“羽”字为名。

幸运的是，陆羽碰到了好心的大和尚积公，并且被积公带回寺院收养。

小朋友，看来你跟佛祖很有缘！

在寺院里，积公非常宠爱陆羽，并且还教他识文断字。

九岁时，陆羽已经开始学习写文章了。这时，积公有意只让他阅读佛经一类的书籍。

我要把你培养成一个有文化的名僧！
可是我还没有看破红尘呢！

然而，让积公意想不到的是，陆羽偏偏不喜欢读佛经，唯独喜欢读儒家经典。为此，他还曾说过一番让积公很失望的话。

我既没有兄弟，也没有后代，却穿僧衣，剃光头，做了和尚，如果让儒生听到了，他们会说我不孝的！能否让我学习孔圣人的文章？
你虽然想当孝子，却压根儿不懂西方佛门的道理，里面的学问可大着呢！

积公坚持让陆羽学习佛经，而陆羽却十分倔强，坚持要学儒家经典。

你要是能说服我，算我输！
我还就不信治不了你了！

就因为这事，积公从此不再宠爱陆羽。

为了逼迫陆羽妥协，积公把寺院里的脏活累活统统交给陆羽干，比如让他打扫寺院，清洁厕所，涂墙壁，盖房子，放牛。

再苦再累，也绝不妥协掉眼泪！

尽管每一分每一秒都被安排得明明白白，但陆羽依然不忘挤出时间去学习。

我心中只有学习！
我每晚想学习想得睡不着觉！

由于寺院里没有纸张，陆羽为了练字，经常拿着竹子在牛背上一笔一画地写来写去。

古有李密牛角挂书，今有我牛背练字！

有一年，陆羽从一位书生那里要来“科圣”张衡的一篇文章，名叫《南都赋》。

尽管陆羽不认识里面的字，却爱不释手，还装模作样地读起来。

字可以不认识，
但朗读的姿势
一定要帅！

这事让积公知道了，积公担心陆羽遭到佛经以外的书的毒害，在佛教的道路上越走越远，便让他在寺院里修剪草木，还派师兄看管他。

要学会听话，
不然你会受皮
肉之苦！

有一次，陆羽在干活期间却默记起文章来，看上去像个魂不守舍的木头人。师兄还以为他在偷懒，便拿鞭子抽他。陆羽叹息道——

我只是担心岁月流逝，不能理解书中的含义罢了！
我看你就是不服气！

师兄误以为陆羽对他怀恨在心，便拿鞭子继续狠狠地抽打他，直到把鞭子打断为止。

今天就饶你一次，下次保证打得你生活不能自理！

陆羽无法忍受这种非人的生活，于是悄悄逃出了寺院，跑进了戏班子里。

我这辈子就是死在外面，也不再回去当和尚！

积公听说陆羽躲在戏班子里，非常伤心，便亲自去劝陆羽回去，并且向他承诺，只要他肯回去，可以顺从他的意愿，想干吗就干吗。

阿弥陀佛，苦海无涯，回头是岸！

陆羽有没有跟随把他抚养长大的积公回去呢？当然没有！

我不是当和尚的料，你还是放过我吧！养育之恩，我来生再报！
好吧！你什么时候想回去了，寺院的大门永远为你敞开！

你可能不会想到，陆羽竟然是个丑男！他长得跟东汉“建安七子”中的王粲、西晋的大文豪张载有一拼。他说话也磕巴，跟西汉的大才子司马相如、扬雄有一拼。

你长得真有创意，活得真有勇气！

不过，在戏班子里，这些缺点也恰恰成了陆羽的优点，因为这些缺点更容易让他演活一个丑角。与此同时，他还擅长写段子。

每次上台演出，他滑稽的外表加上他幽默的段子，常常逗得观众捧腹大笑。这也让他在当地圈粉无数。

你很适合做谐星！
这还要感谢老天赏饭！

后来，陆羽离开了戏班子，隐居在浙江湖州。他在那里建造了一座茅草屋，并且整天闭门不出，埋头读书。

书是人类进步的阶梯，是培植智慧的源泉，是造就灵魂的工具！

他偶尔会约和尚、隐士到他家聊天，品茶。有时候，他还经常一个人游山玩水。

做人最重要的是开心！

一个人在山野中游荡的时候，陆羽喜欢朗诵佛经，吟咏古诗，拨弄流水……直到玩尽兴了，然后号啕大哭一番才回去。

当地人都认为他是个奇葩，还说他是“现代版的狂人接舆”。

这个奇葩有点儿狂！

尽管陆羽隐居在浙江，但名气却传到了京城。皇帝曾召他去京城做官，但他死活不去。

无官一身轻！
我成全你！

也正是在隐居期间，嗜好饮茶的陆羽写下中国历史上第一部关于茶的著作《茶经》，他也因此被称为“茶圣”。

小贴士

《茶经》是一本关于茶的百科全书，论述了茶的产地、生长规律、采摘方法、烹煮方法、饮用方法，甚至包括如何使用茶具等方面的内容，开启了中国茶道的先河。

泡一壶茶，边
喝茶，边看书，
岂不快哉！

《茶经》一经问世，立刻在全国掀起一场饮茶之风，使得越来越多的人爱上了饮茶。

一天不喝茶，
味同嚼蜡！

陆羽死后，那些贩卖茶叶的商人还将他的雕像供奉起来，并且将“茶神”的名号也一并送给了他。

我把茶神请到
家，不愁天天
没钱花！

11

药圣李时珍

话不能乱说，药不能乱吃

如果能穿越时空，将“医圣”张仲景、“神医”华佗、“药王”孙思邈等名医召集到一起，给他们举办一场“中药材识别大赛”，有一个人也能稳稳地夺冠。这个人就是“药圣”李时珍，因为他能一口气识别一千八百九十二种中药材。

大家都叫我
“中药材识
别小天才”！

李时珍之所以能成为药圣，跟他的家庭也有很大关系，因为他出生于医药世家，祖父和父亲都是名医。

龙生龙，凤生凤，医生的儿子会看病！

恐怕很多人想不到，李时珍打小就体弱多病。

有病就吃药呗！反正自家的药材炖着吃，焖着吃，烤着吃……想怎么吃就怎么吃！

在李时珍五岁那年，当地知府用生命给他上了一课。

知府自认为精通医术，便在生病时给自己配了一副药，结果服下之后全身麻痹，不治身亡。

话不能乱说，药不能乱吃！

随着年龄的增长，李时珍更加坚定地想成为一名救死扶伤的白衣天使。

不愿做良相，只愿做良医！

在明代，医生的地位非常低，大多过得十分艰辛。父亲为了让李时珍拥有一个美好的前程，便强迫他去考取功名。

我都是为了你好！
我需要的不是亲情绑架，而是尊重与交流！

然而父命难违，李时珍终究还是向父亲妥协了。

不过，他一连参加了三次乡试都没有考中。这也促使他下定决心放弃科举，选择做一名医生。

我有病，你有药吗？
你算是找对人了！我家的药足够让你天天当饭吃！

你还别说，李时珍天生就是吃医生这碗饭的人，所以正式坐诊没多久，就因为治好富顺王的儿子而火了一把。

是你创造了生命的奇迹！
这是我们每一位医生的责任！
妙手回春

李时珍大火之后，变得非常抢手，达官显贵都争相聘请他当自己的私人医生。不过，只有楚王幸运地聘请到了。

有名医在手，健康不愁！

有一次，楚王的世子突然昏厥，可把楚王吓坏了。多亏李时珍及时救治，这才救了世子一命。

还好救治及时，不然就是大罗神仙也回天乏术！

为了报答李时珍，王妃赏给李时珍很多金银珠宝，但李时珍并未接受。楚王只好很不舍地将李时珍推荐到太医院。李时珍从此成为一名御医。

李医生，我为你祝福，愿你有一个灿烂的前程！
不求大富大贵，但求平安顺遂！

在太医院工作期间，李时珍有机会翻阅了很多皇家珍藏的医书，丰富了自己的医学知识。

阳光暖人身，
书香沁人心！

然而让很多人吃惊的是，没过几年，李时珍便辞掉了御医这个让无数医生羡慕的铁饭碗。

话说，李时珍为啥要辞职呢？因为他不想只为皇家服务。

御医只能服务帝王家，良医应当服务千万家！

辞职后，李时珍回到湖北老家行医救人。他在老家圈粉无数，并且时常为穷苦的百姓免费治疗。

德“医”双馨，妙手回春！
妙手回春
德医双馨

有一年，李时珍发现了一本专门记载中药材的医书，名叫《本草》。从神农氏到明代，尽管有很多医生对它进行过注解，但依然纰漏百出。

书是好书，就是有瑕疵！
本草

思来想去，李时珍决定重新编写一本更完美的《本草》。

小贴士

为了编好《本草》，李时珍多次到全国各地考察，并向农民、樵夫、药农等人请教各种药材的药性。为了弄清一些药材的药性，他甚至效仿神农尝百草以身试药。

所有的付出终将得到回报！

李时珍花了整整三十年终于编好了《本草》，并为它取了个新名字——《本草纲目》。

小贴士

在这三十年间，李时珍查阅了八百多种书籍，三易其稿，删改了《本草》中多处错误，并新增三百七十四种药材，才完成对中国药物学的发展起着重大作用的《本草纲目》。《本草纲目》分为16部、60类，共记载了1892种药材。

《本草纲目》刚完成不久，李时珍还没有来得及将它献给朝廷，便去世了。

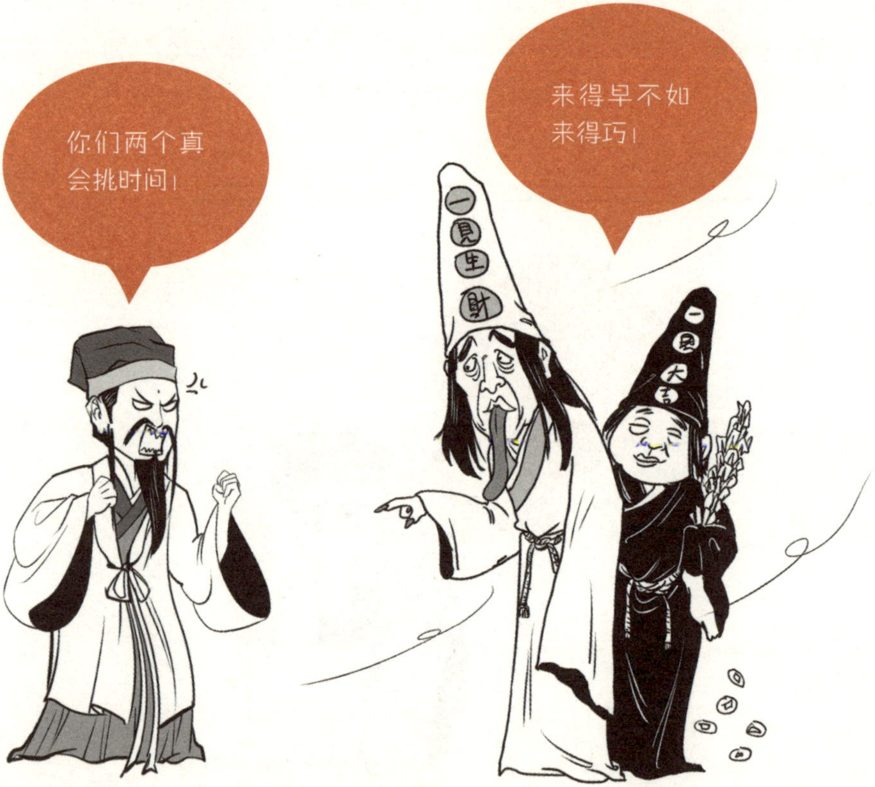
你们两个真会挑时间！
来得早不如来得巧！

不久，李时珍的儿子趁皇帝下诏编修国史并收购各地的书籍之际，将《本草纲目》献给了朝廷。

皇帝看后，赞不绝口，便命人大肆印刷，然后在全国发行。

这么好的东西，
当然要让更多
的人看到！
本草纲目

一时间，《本草纲目》火遍全国。可以毫不夸张地说，在当时所有官员的家中，基本都有一套《本草纲目》。

《本草纲目》，送礼、收藏必备好书！

后来，《本草纲目》又被翻译成英、法、德、日、俄等多种语言，在世界各地圈粉无数。

钓鱼岛是中国的，《本草纲目》是世界的！